ARREST
DU CONSEIL D'ESTAT
DU ROY,

Portant reglement general pour le commerce
du Tabac au Comté de Bourgogne.

Du 11. Decembre 1736.

A PARIS,

DE L'IMPRIMERIE ROYALE.

____

M. DCCXXXVII.

ARREST

DU CONSEIL D'ESTAT
DU ROY,

Portant reglement general pour le commerce du Tabac au Comté de Bourgogne.

Du 11. Decembre 1736.

Extrait des Regiſtres du Conſeil d'Eſtat.

LE ROY eſtant informé que la pluſpart de ceux qui font le commerce du tabac dans l'interieur du comté de Bourgogne, contreviennent journellement aux loix qui ont eſté faites pour en empeſcher le verſement; au point que cette province eſt devenuë la ſource d'une contrebande d'autant plus reprehenſible, qu'elle ſe fait ſouvent à main armée, & qu'elle cauſe un préjudice conſiderable aux fermes generales, par l'introduction en Champagne, Bourgogne & Breſſe, & de-là dans les autres provinces du royaume, de plus de deux millions de livres de tabac par chacun an. Et Sa Majeſté eſtant reſoluë de maintenir ſes Sujets de Franche-Comté, dans la liberté de

A ij

faire le commerce du tabac pour leur ufage, malgré la mauvaife conduite de ces particuliers, qui femblent ne chercher qu'à faire perdre ce privilege à leur patrie; & voulant en mefme temps prendre de nouvelles précautions fur un objet auffi intereffant, & réünir dans une feule loy, des difpofitions capables d'y faire ceffer ces abus, fans donner atteinte à la liberté du commerce du tabac pour l'ufage des habitans : Oüy le rapport du fieur Orry Confeiller d'eftat, & ordinaire au Confeil royal, Controlleur general des finances, SA MAJESTÉ ESTANT EN SON CONSEIL, a ordonné & ordonne ce qui fuit.

ARTICLE PREMIER.

L'ARTICLE XXIII. de la declaration de Sa Majefté du premier aouft 1721. l'arreft du Confeil du 12. feptembre 1724. & l'article II. de l'ordonnance du fieur de la Neuville, cy-devant Intendant audit pays, du 31. juillet 1734. feront executez felon leur forme & teneur; en confequence, fait Sa Majefté iteratives deffenfes à toutes perfonnes, de quelque qualité & condition qu'elles foient, de faire aucune plantation, culture ni recolte de tabac, dans l'eftenduë des trois lieuës de Franche-Comté, limitrophes des provinces de Champagne, Bourgogne & Breffe, telle qu'elle eft défignée, tant par ledit arreft que par ladite ordonnance, où les villes & villages de ladite eftenduë font dénommez; à peine de confifcation des tabacs, & de quinze cens livres d'amende pour chaque contravention.

II.

L'ARREST du Confeil du 29. decembre 1725. & ledit article II. de l'ordonnance du fieur de la Neuville, du 31. juillet 1734. enfemble celle renduë par le fieur de Vanolles, à prefent Intendant de ladite province, le 27. octobre fuivant, feront auffi executez felon leur forme & teneur; ce faifant, veut Sa Majefté que les huit marchands de tabac permis pour

5

la ville de Dole, quatre pour celle de Gray, deux à Lons-le-Saulnier, deux à Saint-Claude, & un à Juſſey, ne puiſſent avoir en magaſin que chacun mille livres de tabac à la fois, pour le vendre & diſtribuer, tant aux troupes qu'aux habitans deſdits lieux & de la campagne, en conformité deſdits arreſts & ordonnances ; ſans pouvoir en entrepoſer ailleurs que dans leur boutique & maiſon de reſidence, ni tirer leurs tabacs eſtrangers d'autres magaſins que de ceux de la ville de Beſançon, & avec les formalitez qui ſeront preſcrites par l'article XIX. du preſent arreſt ; le tout à peine de confiſcation des tabacs, & de quinze cens livres d'amende.

I I I.

ENJOINT Sa Majeſté, ſous les meſmes peines, auxdits marchands, & à ceux qui, ſur les nominations des magiſtrats deſdites villes, & après avoir entendu le fermier ou ſon prépoſé, ſeront ſucceſſivement commis par le ſieur Intendant, pour les remplacer, de ſe conformer exactement à l'arreſt du Conſeil du 14. octobre 1732. pour la diſtribution qui leur eſt confiée ; comme auſſi d'avoir & tenir un regiſtre relié, coté & paraphé par le ſubdelegué du lieu, ſur lequel ils enregiſtreront journellement, tant les tabacs qu'ils recevront pour compoſer les mille livres qu'ils en peuvent avoir à la fois, que les noms des particuliers à qui ils en feront ſucceſſivement la diſtribution ; ſans qu'aucun d'eux puiſſe ſe diſpenſer de la tenuë exacte, & jour par jour, dudit regiſtre, & de le repreſenter à toutes requiſitions des employez des fermes, ſous les peines cy-deſſus, meſme d'eſtre revoquez & privez pour toûjours de la diſtribution du tabac.

I V.

FAIT Sa Majeſté très-expreſſes inhibitions & deffenſes auxdits marchands, de vendre en gros aucuns tabacs, ſous

A iij

quelque pretexte que ce puiſſe eſtre ; meſme d'en vendre &
delivrer en détail, au-delà de deux livres à la fois, ſous la meſme
peine de revocation, confiſcation des tabacs, & de quinze cens
livres d'amende : & aux particuliers demeurant dans l'eſtenduë
deſdites trois lieuës limitrophes, de quelque qualité & condition qu'ils ſoient, d'avoir chez eux ou ailleurs, voiturer ou
tranſporter dans ladite diſtance, une plus grande proviſion de
tabac, qu'à raiſon de deux livres par mois pour chaque chef de
famille ; à peine de confiſcation, cent livres d'amende pour la
premiere fois, & de cinq cens livres en cas de recidive.

V.

ET pour connoiſtre & conſtater les contraventions qui
pourront eſtre faites aux articles cy-deſſus, les commis & employez des fermes feront toutes perquiſitions & viſites neceſſai-
res dans leſdites trois lieuës limitrophes, tant chez les marchands, qu'en toutes autres maiſons indiſtinctement : & dreſ-
feront leurs procez-verbaux, ſur leſquels leſdites peines feront
prononcées, ſans eſperance de remiſe ni de moderation ; meſme
contre les ſeigneurs, ſuperieurs & ſuperieures des maiſons religieuſes, & autres qui feront trouvez en contravention, ou qui
auront refuſé ou fait refuſer auxdits commis, à leur premiere
requiſition, l'ouverture & viſite dans leurs chaſteaux, maiſons,
jardins & autres lieux, au deſir des declarations des 16. decembre 1707. premier aouſt 1721. & arreſts du Conſeil ren-
dus en conſequence, en ſe conformant par leſdits commis, à
ce qui eſt preſcrit par leſdites declarations.

V I.

LE tabac ne pourra eſtre fourni aux troupes & maiſons
religieuſes, dans leſdites trois lieuës limitrophes, que par les
marchands de tabac eſtablis dans leſdites villes de Dole, Gray,
Lons-le-Saulnier, Saint-Claude & Juſſey, & ſur les billets du

controlleur du tabac dans chacune defdites villes ; qui ne les fignera, à l'égard des troupes, que fur les extraits de revûës qui luy feront remis, & pour les quantitez permifes par l'arreft du Confeil du 7. aouft 1729. & à l'égard des maifons religieufes, fur les certificats qui luy feront rapportez au bas d'un eftat, du nombre des perfonnes dont la communauté fera compofée, lequel fera figné des fuperieurs defdites maifons religieufes, pour les quantitez du tabac qui leur feront necef-faires, & qui ne pourront exceder une livre par mois pour chaque perfonne. Et feront tenus lefdits controlleurs, de garder & enliaffer tous les extraits de revûës & certificats fur lefquels ils auront delivré des billets en conformité du prefent article, pour y avoir recours, & eftre par Sa Majefté donné les ordres qu'Elle jugera convenables, en cas d'abus ou de fauffe declara-tion. Et par rapport aux officiers des regimens ou compagnies, ils fe pourvoiront de tabac comme les chefs de famille, en obfervant les mefmes formalitez.

V I I.

Tous particuliers qui n'eftant point originaires de Franche-Comté, domiciliez ou eftablis en ladite province, feront trouvez dans lefdites trois lieuës limitrophes, conduifant, voi-turant ou portant plus de deux livres de tabac à la fois, feront reputez fraudeurs, & comme tels condamnez, outre la confif-cation des tabacs & équipages fervant au tranfport, en mille livres d'amende, qui, faute de payement dans le mois, fera convertie en la peine des galeres contre les hommes, & en celle du foüet & banniffement pour cinq ans à l'égard des femmes & filles, conformement à l'article I. de la declaration du 6. decembre 1707. & à celle du premier mars 1723. mefme en la peine de mort, en cas d'attroupement à port d'armes au nombre porté par la declaration du 27. janvier 1733.

V I I I.

IL ne pourra eſtre tenu aucuns magaſins ou entrepoſts tabacs dans les villes, bourgs ou villages ſituez au-delà de riviere de Saône, ſoit qu'ils ſoient dans leſdites trois lie limitrophes, ou dans un plus grand éloignement des provin de la ferme, & ſous quelqu'autre pretexte que ce puiſſe eſt à peine de confiſcation des tabacs, & de cinq cens liv d'amende, conformement à l'article VI. de l'ordonnance fieur de la Neuville, du 6. aouſt 1729. & les diſpoſitions l'article VII. cy-deſſus, y feront executées contre les eſtrang qui s'y trouveront portant ou voiturant du tabac.

I X.

PERMET Sa Majeſté à ſes ſujets du comté de Bourgog demeurant dans l'interieur de ladite province, hors leſdi trois lieuës limitrophes, de continuer les plantations, fabric & commerce du tabac, en obſervant les formalitez & diſp tions cy-après, & non autrement, ſous les peines qui y fer prononcées pour chaque contravention.

X.

TOUS particuliers qui voudront faire des plantations tabac dans l'interieur de ladite province, hors leſdites tr lieuës, feront tenus préalablement de faire leurs declaratio pardevant les juges des lieux, greffiers, notaires, curez autres perſonnes publiques, de la quantité & ſituation des ter qu'ils entendent enſemencer de tabac; de réïterer ladite dec ration chaque année, & d'en remettre auſſi chaque année u expedition en bonne forme, au commis du plus proch bureau des fermes, un mois au plus tard après que les ter auront eſté enſemencées, à peine de confiſcation du tabac y croiſtra, & de cinq cens livres d'amende.

X I.

SERONT pareillement tenus de faire une seconde declara-
n au temps de la recolte, de tous les tabacs qu'ils auront
cueillis, & d'en faire enfuite une troifieme de ceux qu'ils
ront fabriquez, ficellez & mis en rolles; comme auffi de
mettre lefdites declarations en bonne forme au bureau plus
ochain, où il leur en fera delivré des certificats *gratis*, avant
pouvoir fe défaifir ni difpofer d'aucuns defdits tabacs.
eut Sa Majefté qu'outre les formalitez cy - deffus, lefdits
rticuliers ne puiffent difpofer defdits tabacs, que pour
nterieur de la province hors les trois lieuës limitrophes, fur
s acquits à caution qui feront delivrez audit bureau plus
ochain, où ils feront leurs foûmiffions de rapporter ledit
quit defchargé, dans le délay qui leur fera accordé eu égard
la diftance des lieux: & où, trois mois après la recolte def-
ts tabacs, lefdits particuliers n'auroient pas pris les acquits
caution pour s'en deffaire, iceux tabacs feront par eux re-
efentez, confrontez avec leurs declarations, & dépofez dans
n magafin à deux clefs, dont l'une demeurera au proprietaire,
l'autre fera remife au receveur dudit bureau plus prochain,
ur en eftre lefdits tabacs retirez & remis fur acquits à cau-
on, lorfque lefdits proprietaires en auront difpofé dans les
rmes cy-deffus; le tout fous les mefmes peines de confifca-
on & de cinq cens livres d'amende, en conformité des arti-
es XVI. XVIII. & XIX. de l'ordonnance de 1681.

X I I.

DEFFEND Sa Majefté à toutes perfonnes, autres que les
archands de tabac domiciliez, & fupportant toutes charges
erfonnelles dans l'interieur de la province de Franche-Comté,
dont les noms ont efté ou feront infcrits en conformité de
rticle VI. de l'ordonnance du fieur de la Neuville, du 31.

juillet 1734. de faire venir en ladite province, pour leur compte, ou à titre de commiſſion, aucuns tabacs d'Alſace ou pays eſtrangers, à peine de confiſcation, tant des tabacs que des chevaux, chariots & autres équipages, & de mille livres d'amende.

X I I I.

LES tabacs qui viendront d'Alſace & pays eſtrangers en ladite province de Franche-Comté, pour le compte ou ſous le nom deſdits marchands inſcrits, ne pourront entrer dans ladite province que par les bureaux d'Arcey ou de Voujau-court, ni tenir route que la grande route d'Arcey ou de Vou-jaucourt à Beſançon ; ſans pouvoir eſtre adreſſez à d'autres perſonnes qu'à un marchand de tabac de Beſançon, ni eſtre conduits ailleurs qu'en ladite ville de Beſançon directement d'où ils pourront eſtre diſtribuez dans l'interieur de la pro-vince, en obſervant les formalitez cy-après. Veut Sa Majeſté que toutes autres adreſſes, routes, entrées ou paſſages, ſoient reputez obliques ; & que les tabacs paſſant ailleurs, ou ſe voiturant ou diſtribuant dans la province ſans avoir paſſé par ladite ville de Beſançon, & entré par l'un deſdits bureaux, ſoient ſaiſis, ainſi que les chevaux, chariots & autres équi-pages ſur leſquels ils ſe trouveront, pour la confiſcation du tout eſtre ordonnée, & les proprietaires & conducteurs con-damnez ſolidairement en mille livres d'amende.

X I V.

LESDITS tabacs venant d'Alſace ou pays eſtrangers, ſeront declarez à celuy des deux bureaux d'Arcey ou de Voujau-court par lequel ils entreront en Comté ; & les conducteurs ou voituriers tenus d'y repreſenter des factures ou lettres de voiture en bonne forme ; contenant l'eſpece & le poids des tabacs, le temps & le lieu où ils auront eſté chargez, le nom

de

de celuy qui en aura fait l'envoy, & celuy du marchand de tabac, inscrit & residant à Besançon, auquel ils seront adressez, soit pour son compte, ou pour les faire passer à d'autres marchands dans l'interieur de la province; sous les mesmes peines de confiscation desdits tabacs & équipages, & de mille livres d'amende, qui sera encourüe en cas de fausses factures ou lettres de voiture, comme pour declaration non faite ou reconnuë fausse en quelque point. Deffend Sa Majesté aux commis desdits bureaux, de reconnoistre aucuns marchands pour inscrits, s'il ne leur a esté justifié de ladite inscription par un certificat en bonne forme, signé du greffier qui l'aura reçüe, que les marchands ou conducteurs de tabacs seront tenus de rapporter pour une fois seulement, & qui demeurera en dépost au bureau pour y avoir recours.

X V.

LES declarations des tabacs entrant en Comté par l'un desdits bureaux, à l'adresse ou pour le compte d'un marchand de Besançon, y seront transcrites sur le registre qui sera tenu à cet effet, & signées sur ledit registre par les voituriers, s'ils sçavent signer; sinon lesdits voituriers seront tenus de rapporter des declarations, signées des marchands de Besançon à qui les tabacs seront adressez : toutes lesquelles declarations contiendront le nombre, les numeros & les marques des caisses, tonneaux, balles ou ballots, l'espece & le poids des tabacs, les noms tant du marchand qui les aura expediez, que de celuy de Besançon à qui ils seront adressez, le temps & le lieu où ils auront esté chargez; le tout conformement aux factures ou lettres de voiture, qui seront aussi representées.

X V I.

CEUX qui auront donné ou fait les declarations, ne

pourront plus augmenter ni diminuer, ſous pretexte d'obmiſſion ou autrement, & la verité ou la fauſſeté de la declaration ſera jugée ſur ce qui aura eſté premierement declaré.

X V I I.

APRÈS les declarations faites ou remiſes, & les lettres de voiture ou factures repreſentées, les commis deſdits bureaux d'Arcey & de Voujaucourt viſiteront les tabacs, & en verifieront les quantitez & qualitez; pour ſaiſir le tout, meſme les chevaux & équipages, & en pourſuivre la confiſcation avec amende de mille livres, en cas de fauſſe declaration, fauſſe deſtination, ou autre contravention au preſent arreſt: & lorſque la declaration & vérification ſe trouveront conformes, & les voituriers en regle, il ſera à l'inſtant delivré auxdits voituriers, dans celuy deſdits bureaux où ladite vérification aura eſté faite, un acquit à caution, portant ſoûmiſſion de conduire leſdits tabacs directement au bureau de Beſançon, & d'y faire deſcharger ledit acquit dans le délay competent, qui ſera fixé, ſous les meſmes peines de confiſcation des tabacs & équipages, & de mille livres d'amende.

X V I I I.

LES tabacs ainſi entrez dans la province, ſeront conduits directement au bureau de Beſançon, & repreſentez au commis, avec les factures ou lettres de voiture, & les acquits à caution ſur leſquels ils ſeront entrez; lequel commis viſitera le tout, pour en faire la ſaiſie s'il y a contravention, ou pour deſcharger les acquits à caution ſi les regles preſcrites ont eſté obſervées: & où les tabacs & acquits n'auroient pas eſté repreſentez & deſchargez dans le temps preſcrit, audit bureau de Beſançon, les voituriers & autres qui ſe trouveront avoir fait les declarations en entrant dans la province, ſeront condamnez en mille livres d'amende, & à la reſtitution de la valeur des tabacs, chevaux & équipages qui auront servi à les voiturer.

X I X.

LES marchands de Besançon à qui les tabacs auront esté adreffez, foit pour leur compte, ou par commiffion, & à qui ils feront parvenus dans les formes cy-deffus, pourront, après la reception d'iceux, & la defcharge des acquits à caution au bureau de Befançon, garder lefdits tabacs pour les débiter s'ils font pour leur compte, ou les faire paffer à tel marchand de tabac infcrit, domicilié dans l'interieur de la province, mefme à tel des marchands de Gray, Dole, Lons-le-Saunier, Saint-Claude & Juffey, qu'ils jugeront à propos; à la charge par eux d'en faire préalablement declaration au bureau de ladite ville de Befançon, d'y reprefenter les factures ou lettres de voiture dont leurs envois feront accompagnez; & d'y prendre des acquits à caution, portant foûmiffion de rapporter dans un délay prefix & competent, un certificat du controlleur des fermes, pour les envois aux marchands de tabac eftablis dans les villes de Gray, Dole, Lons-le-Saunier, Saint-Claude & Juffey, ou des officiers municipaux du lieu de l'interieur de la province où ils entendront les faire voiturer, portant qu'ils auront efté reçûs & defchargez dans les mefmes efpeces, nombre, volumes & poids portez par ledit acquit à caution; lequel certificat fera auffi figné par les marchands eftablis ou infcrits, à qui lefdits tabacs feront adreffez, & par qui ils auront efté reçûs; le tout, à peine de mille livres d'amende, & de reftitution de la valeur defdits tabacs, contre le marchand qui en aura fait l'envoy.

X X.

POURRONT auffi les marchands infcrits de l'interieur de la province, qui auront reçû leurs tabacs par Befançon, avec les formalitez preſcrites, en envoyer d'un lieu à l'autre dans l'interieur de ladite province, à d'autres marchands inſcrits feulement; à la charge, & non autrement, qu'ils feront tenus d'en faire préalablement declaration au greffe de la ſubdelega-tion du lieu de leur reſidence, d'y repreſenter les lettres de voiture ou faƈtures qui devront accompagner leurs envois; & d'y prendre des acquits à caution, portant foûmiſſion de rap-porter dans le délay qui fera fixé, des certificats du deſchar-gement au lieu de la deſtination dans l'interieur de la pro-vince hors les trois lieuës limitrophes, en la meſme forme & ſous les meſmes peines portées par l'article precedent.

X X I.

ET comme la liberté de faire paſſer des tabacs d'un mar-chand inſcrit à un autre marchand inſcrit, en obſervant les formalitez, renferme tout le commerce en gros du tabac dans l'interieur de ladite province, & pour l'uſage de ſes habitans; Sa Majeſté fait très-expreſſes inhibitions & deffenſes à toutes perſonnes, marchands de tabac & autres, tant de ladite ville de Beſançon, que des autres villes & lieux de l'interieur de ladite province, de vendre ni acheter autrement aucuns tabacs en gros, & auxdits marchands d'en débiter en détail plus de deux livres à la fois, & à chaque perſonne, à l'exception ſeule-ment des perſonnes dénommées dans les articles XXII. & XXIII. à peine de confiſcation & de cinq cens livres d'a-mende. Veut Sa Majeſté que tous les tabacs qui ſe voiture-ront d'un lieu à l'autre, dans l'interieur de ladite province, au-delà du poids de deux livres, ſans eſtre accompagnez de faƈtures ou lettres de voiture, & d'acquits à caution, dans les formes preſcrites par les articles precedens; comme auſſi tous ceux qui ſeront trouvez ſortant de ladite province pour la Suiſſe, la Lorraine, ou autres pays eſtrangers, ſoient reputez tabacs de fraude, & les voituriers, conduƈteurs ou colporteurs arreſtez & conduits dans les priſons les plus prochaines du lieu de la capture; leurs tabacs, voitures & équipages ſaiſis & confiſquez, & eux condamnez en l'amende de mille livres, comme fraudeurs de tabac.

XXII.

PERMET néantmoins Sa Majeſté aux eccleſiaſtiques, gentilshommes & bourgeois vivant de leurs revenus, tant des villes que de la campagne, dans tout l'interieur de ladite province hors les trois lieuës limitrophes, d'acheter chez les marchands inſcrits, les quantitez de tabacs dont ils auront beſoin, & auxdits marchands, de les leur vendre; à la charge par leſdits eccleſiaſtiques, gentilshommes & bourgeois, de donner auxdits marchands, des certificats ſignez d'eux, contenant les quantitez & qualitez de tabacs qu'ils auront pris ou fait prendre à chaque fois; en ſorte qu'ils n'en prennent jamais plus de deux livres, ſans donner ou envoyer leur certificat : leſquels certificats leſdits marchands feront tenus d'enliaſſer & de conſerver, pour les repreſenter avec leurs regiſtres à toutes requiſitions, ſous les peines portées par l'article XXV. cy-après.

XXIII.

PERMET auſſi Sa Majeſté aux colporteurs originaires de ladite province, qui ont couſtume de debiter du tabac conjointement avec d'autres marchandiſes à l'uſage des habitans, de continuer leur commerce; à la charge, & non autrement, qu'ils ne pourront avoir plus de vingt livres de tabac à la fois, qu'ils feront tenus de l'acheter d'un marchand inſcrit, demeurant dans l'une des dix villes de l'intérieur de ladite province où il y aura ſubdelegation : lequel marchand pourra en vendre en ce cas ſeulement juſqu'à vingt livres, ſur un billet par eſcrit du ſubdelegué du lieu, qu'il ſera tenu de garder pour le reprefenter à toutes requifitions : & à la charge auffi que lefdits colporteurs feront toûjours munis d'un certificat d'un defdits fubdeleguez, contenant qu'ils font colporteurs originaires & domiciliez dans tel lieu de l'interieur de la province ; comme auffi à condition qu'avec le tabac ils auront l'affortiment ordinaire de menuës marchandifes à l'ufage des habitans ; le tout fous les peines portées en l'article XXI.

XXIV.

Les marchands de tabac domiciliez à Befançon ou autres lieux de l'interieur de ladite province, dont les noms feront infcrits, & qui feuls pourront faire commerce & débit de tabac, foit du crû de ladite province, en l'achetant des cultivateurs qui auront obfervé les regles prefcrites pour le femer, en faire la recolte, le fabriquer & s'en deffaire, foit d'Alface & pays eftrangers, en le faifant adreffer à Befançon, entrer par l'un des bureaux d'Arcey ou de Voujaucourt, defcharger & paffer d'un lieu à l'autre avec toutes les formalitez qui font ordonnées par Sa Majefté, feront tenus en outre d'avoir chacun un regiftre coté, relié & paraphé par le fubdelegué du lieu de leur refidence ; & de porter fur un cofté dudit regiftre les quantitez & qualitez de tabac qu'ils auront reçûës, le temps & le lieu d'où ils les auront fait venir, celuy des deux bureaux par où leurs tabacs eftrangers feront entrez dans la province, le lieu où auront efté recueillis ceux du crû, & de qui ils les auront achetez, & toutes les ventes en gros & envois de tabac qu'ils auront faits, foit d'un lieu à l'autre dans l'interieur de la province, foit aux ecclefiaftiques, gentilshommes & bourgeois, ou aux colporteurs domiciliez ; avec mention des dates defdits envois & ventes en gros, des acquits à caution, factures, lettres de voiture, defchargement, certificats pour les ecclefiaftiques, gentilshommes & bourgeois, billets des fubdeleguez pour les colporteurs, & autres expeditions fur lefquelles lefdits tabacs leur feront parvenus, & feront fortis de leurs magafins par des remifes ou ventes en gros: & de l'autre cofté dudit regiftre, tous les tabacs qu'ils vendront en détail, jour par jour, article par article, depuis le plus petit poids jufqu'à deux livres inclufi- vement; en forte que leurs livres & leurs magafins foient toû- jours d'accord, foit pour les tabacs qu'ils auront reçûs pour leur compte ou par commiffion, foit pour ceux qu'ils auront envoyez ou débitez en gros & en détail.

X X V.

SERONT tenus lefdits marchands de tabac, de reprefenter leurs regiftres & pieces juftificatives de ce qu'ils y auront porté pour l'entrée & fortie en gros des tabacs dans leurs magafins, & de faire ouverture defdits magafins, pour y vérifier le con- tenu auxdits regiftres, tant pour le gros que pour le détail, à toutes requifitions des controlleurs & autres employez des fermes ; à peine de cinq cens livres d'amende en cas de refus ou de fraude contractée par la difference qui fe trouvera entre le regiftre & le magafin, ou autrement. Et pour faciliter lefdites vérifications, & prevenir d'autant plus tous moyens de fraude, fait Sa Majefté très-expreffes deffenfes à tous lefdits marchands de tabac, & à chacun d'eux en particulier, d'avoir aucuns magafins de tabac ailleurs que dans leurs bou- tiques & maifons de refidence, foit pour leur compte, ou à titre de commiffion; à moins qu'ils n'en ayent obtenu une permiffion par efcrit du fieur Intendant de la province, qui pourra en accorder, en connoiffance de caufe, aux marchands de Befançon, eu égard aux commiffions dont ils pourront eftre chargez pour ceux de l'interieur de la province, lefquelles per- miffions lefdits marchands feront tenus de reprefenter à toutes requifitions: le tout à peine de confifcation defdits tabacs, & de mille livres d'amende.

XXVI.

POURRONT les controlleurs & autres employez des fermes, faire toutes tournées, visites & perquisitions chez les marchands de tabac inscrits, dans les routes & aux portes de la ville de Besançon, & des autres villes & lieux de l'interieur de ladite province, pour veiller à ce qu'il ne soit contrevenu au present arrest, dresser leurs procez-verbaux, saisir & arrester ce qui se trouvera en contravention, & faire toutes autres fonctions requises & necessaires pour prevenir, empescher ou faire punir toute fraude sur le tabac : sur lesquels procez - verbaux qui, estant en forme, seront crus, comme il est porté par l'ordonnance des fermes, sera fait droit par le sieur Intendant de ladite province, en vertu de l'attribution qui luy en a esté faite, & en conformité du present arrest, qui sera imprimé, lû, publié & affiché par-tout où il appartiendra, à ce que personne n'en pretende cause d'ignorance, & executé nonobstant oppositions ou autres empeschemens quelconques, pour lesquels ne sera differé, & dont, si aucuns interviennent, Sa Majesté s'est reservé & à son Conseil, la connoissance, & icelle interdite à toutes ses cours & autres juges. FAIT au Conseil d'estat du Roy, Sa Majesté y estant, tenu à Versailles le onze decembre mil sept cens trente-six. *Signé* BAUYN.

LOUIS, PAR LA GRACE DE DIEU, ROY DE FRANCE ET DE NAVARRE: A nostre amé & feal Conseiller en nos Conseils, Maistre des requestes ordinaire de nostre hostel, le sieur de Vanolles Intendant & commissaire départi pour l'execution de nos ordres dans la province de Franche-Comté, SALUT. Nous vous mandons & ordonnons par ces presentes signées de nostre main, de proceder à l'execution de l'arrest cy-attaché sous le contre-scel de nostre Chancellerie, cejourd'huy rendu en nostre Conseil d'estat, Nous y estant,

y eftant, pour les caufes y contenuës : Commandons au premier noftre huiffier ou fergent fur ce requis, de fignifier ledit
arreft à tous qu'il appartiendra, à ce que perfonne n'en ignore;
& de faire pour fon entiere execution, tous actes & exploits
neceffaires, fans autre permiffion : CAR TEL EST NOSTRE
PLAISIR. Donné à Vefailles, le onzieme jour du mois de
decembre, l'an de grace mil fept cens trente-fix, & de noftre
regne le vingt-deuxieme. *Signé* LOUIS. *Et plus bas;* Par
le Roy, *Signé* BAUYN.

BARTHELEMY DE VANOLLES,
Chevalier, Confeiller du Roy en tous fes Confeils, Maiftre
des Requeftes ordinaire de fon Hoftel, Confeiller hono-
raire au grand Confeil, Intendant de Juftice, Police,
Finances, Marine, Fortifications au Comté de Bourgogne,
& des troupes de Sa Majefté fur cette frontiere.

VÛ le prefent arreft, & la commiffion fur iceluy à Nous
adreffante: Nous Intendant, ordonnons que ledit arreft
fera executé felon fa forme & teneur, imprimé, lû, publié &
affiché dans toutes les villes & lieux de cette province, à ce
que perfonne n'en puiffe pretendre caufe d'ignorance, & en-
regiftré dans les greffes de nos fubdeleguez, & au controlle
general des Fermes, pour y avoir recours. Ordonnons en
outre que tous les particuliers qui voudront faire le commerce
de tabac, en fe conformant aux difpofitions dudit arreft, feront tenus de fe faire infcrire de nouveau aux greffes de nofdits fubdeleguez, chacun dans fon diftrict, nonobftant toutes
infcriptions cy-devant faites, que Nous declarons nulles & de
nul effet ; & mandons à nofdits fubdeleguez, de n'admettre
à fe faire infcrire pour ledit commerce, que des marchands
ou particuliers domiciliez, connus, lefquels figneront fur le
regiftre defdites infcriptions, leur foûmiffion de fe conformer

C

audit arreſt, ſous les peines y contenuës ; declareront & affir-
meront, chacun en droit ſoy, les quantitez de tabac eſtant en
leur poſſeſſion, ou en route pour leur compte, dont mention
ſera faite par ladite inſcription ; de laquelle il leur ſera delivré
gratis, deux doubles imprimez, & ſignez par le ſubdelegué
qui l'aura reçûë, à l'effet qu'ils ayent toûjours en leur poſſeſſion un deſdits doubles, & qu'ils puiſſent remettre l'autre
à celuy des deux bureaux indiquez par lequel ils feront entrer leur tabac dans cette province ; le tout à peine de nullité
deſdites nouvelles inſcriptions, ſans leſquels nul ne pourra
faire ledit commerce du tabac, à compter du 15. fevrier
prochain, jour auquel Nous avons fixé & determiné le com-
mencement de l'execution dudit arreſt en tout ſes points,
& ſous toutes les peines prononcées par iceluy. FAIT à
Beſançon, le huit janvier mil ſept cens trente-ſept. *Signé*
DE VANOLLES. *Et plus bas*, Par Monſeigneur,
Signé LE BOUCHER.

*Collationné aux Originaux par Nous Ecuyer-Conſeiller-Secretaire
du Roy, Maiſon-Couronne de France & de ſes Finances.*

www.ingramcontent.com/pod-product-compliance
Lightning Source LLC
LaVergne TN
LVHW011021180726
843502LV00007B/2670